AF264128

CANAL DE SUEZ

LES PROMESSES

DE

M. DE LESSEPS

Prix : 25 centimes

PARIS

A LA LIBRAIRIE DU XIXe SIÈCLE

10, RUE DE LA BOURSE, 10

1872

PROMESSES DE M. DE LESSEPS

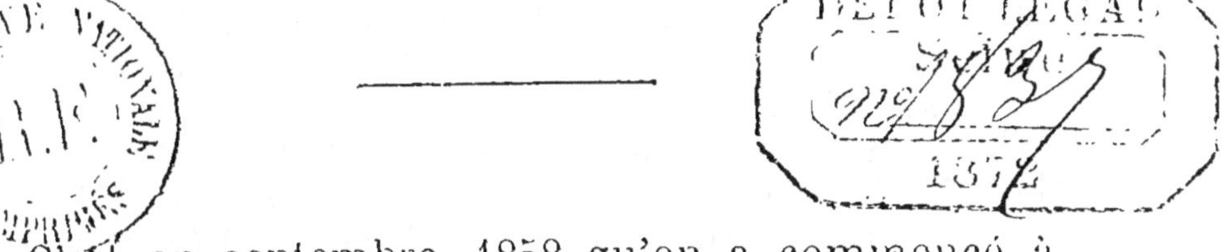

C'est en septembre 1858 qu'on a commencé à
s'occuper de la constitution du capital nécessaire
pour le percement de l'isthme de Suez.

Avant cette époque, une commission internationale avait étudié le projet du canal, et en avait fixé
les dimensions ainsi qu'il suit :

De la mer Rouge aux lacs Amers, 100 mètres à
la ligne d'eau, et 64 mètres au plafond.

Des lacs Amers à Port-Saïd, 80 mètres de largeur uniforme à la ligne d'eau, et 44 mètres au
plafond.

Profondeur minimum, 8 mètres.

Ces dimensions permettaient d'établir dans des
conditions favorables la navigation sur le canal, à
l'aller et au retour. Les navires pouvaient remonter
et redescendre simultanément sans se heurter,
sans perdre de temps dans les gares d'évitement,
sans encombrer le passage. Quand on construit
une ligne de chemin de fer destinée à un grand
trafic, on pose deux voies parallèles ; pour rendre
de vrais services, pour être conforme aux indica-
tions de la commission internationale, le canal de
Suez aurait dû aussi être à double voie.

M. de Lesseps l'avait promis, annoncé, proclamé

sur tous les tons ; nous allons voir comment il a
tenu sa promesse.

—

Une fois le programme arrêté, il fallait se procu-
rer de l'argent, appeler des actionnaires, les amor-
cer par l'appât des plus brillantes promesses. On
sait bien que les prospectus des sociétés qui s'adres-
sent aux capitalistes ne sont point paroles d'Evan-
gile. Nous aurions donc mauvaise grâce en repro-
chant à M. de Lesseps d'avoir fait comme les
autres, d'avoir promis des recettes splendides,
en regard de dépenses réduites à presque rien.
Mais, franchement, M. de Lesseps a passé toutes
les bornes permises.

Qu'on en juge. Voici d'abord le plan de la souscription :

« La part des actions réservées à chaque pays a
été distribuée de la manière suivante :

S. A. R. le vice-roi d'Egypte...	32 millions.
Egypte et Turquie..............	20
France........................	40
Angleterre....................	40
Autriche......................	20
Russie........	12
Allemagne, Suisse, Belgique...	16
Etats-Unis....................	10
Espagne, Italie, Grèce.........	10
	200 millions. »

M. de Lesseps ajoutait que les demandes avaient
déjà dépassé le total de la répartition.

« Tous les travaux devaient être accomplis en
cinq ou six ans, et ne pas coûter plus de 160 millions. Au bout d'un an, on aurait creusé le canal
d'eau douce jusqu'à Timsah, et deux ans plus tard,
une première communication pourrait s'ouvrir
entre les deux mers. »

Le capital a été réuni à la fin de 1859. Ainsi, d'après les promesses du premier prospectus Lesseps,

Le canal d'eau douce aurait dû être creusé jusqu'à Timsah en 1860, ou dans les premiers mois de 1861 ;

La rigole de communication entre les deux mers aurait dû être ouverte en 1862 ou en 1863, au plus tard, à 2 m. 50 c. de profondeur.

Tous les travaux, c'est-à-dire le canal de grande navigation, avec ses gares maritimes, ses ports, sa largeur réglementaire de 80 à 100 mètres à la ligne d'eau, et de 44 à 60 mètres au plafond, avec sa profondeur de 8 mètres, aurait dû être terminé en 1866.

Nous voici en 1872 ; le canal n'a, nulle part, cette largeur ; l'ouverture, à la ligne d'eau, est de 56 mètres, et au plafond, de 20 mètres, soit de 16 ou 17 mètres, en tenant compte du mouvement des berges.

—

La souscription marcha fort mal en Turquie, en Angleterre, etc., etc, quoique, au dire de M. de Lesseps, les demandes eussent dépassé le total de la répartition.

Par bonheur, la France avait, à cette époque, beaucoup d'argent et beaucoup de confiance en M. de Lesseps. Elle souscrivit 220,000 actions. Bons capitalistes du second Empire ! Ils ont cru à tout, aux obligations mexicaines et aux chemins de fer Espagnols; comment n'auraient-ils pas cru à M. de Lesseps ?

Le 9 décembre 1859, M. de Lesseps annonçait cette souscription de 220,000 actions par la France. « Les apports des autres pays, dit-il, complètent le capital social. » Ce n'était pas tout à fait exact ; le capital social fut complété par 177,642 actions que souscrivit le vice-roi d'Egypte.

Enfin, voilà le capital constitué. La première assemblée générale est du 15 mai 1860. Il est curieux de reproduire, à cette date, les prévisions et les budgets de M. de Lesseps.

« Le canal maritime, avec ses ports, son canal de jonction, ses rigoles latérales d'irrigation, pourra être achevé en cinq ans (soit en 1855). Creusé à 6 mètres de profondeur, il sera terminé en trois ans et ne coûtera que 50 millions. »

Mais voici le budget complet; jamais on n'en a dressé de plus fantastique.

Canal maritime, à 56 mètres de large et 8 mètres de profondeur......	65.000.000
Canal de jonction au Nil............	13.000.000
Construction des ports............	25.000.000
Mise en culture des terres.........	6.000.000
Intérêts et dépenses imprévues....	21.000.000
	130.000.000

Tous ces chiffres étaient le résultat d'études longues et consciencieuses, du moins M. de Lesseps l'affirme. On y avait consacré les 18 mois écoulés entre la clôture de la souscription et la première assemblée générale. D'habiles ingénieurs avaient décidé qu'il suffirait d'une ouverture de 56 mètres, avaient fixé à cinq ans la durée maximum des travaux.

Les travaux ont duré plus de dix ans, et nul ne peut assurer qu'ils soient terminés aujourd'hui. La dépense effective s'est élevée à 453,664,000 francs. Et M. de Lesseps est un grand homme.

—

Le prospectus et le premier rapport évaluaient à grands traits les bénéfices de l'entreprise. On retrouve dans cette évaluation les procédés habituels de M. de Lesseps, qui prend ses désirs ou ses espérances pour des réalités, et qui en fait la base de ses calculs.

M. de Lesseps constate d'abord que le commerce envoie, par an, six millions de tonnes au-delà du cap Horn et du cap de Bonne-Espérance. Admettons ce chiffre, qui n'a, d'ailleurs, rien d'exagéré. Quatre millions de tonnes doublent le cap de Bonne-Espérance. Soit encore. Sur ces quatre millions de tonnes, il en passera bien trois millions par le canal de Suez. Or, les conventions arrêtées avec le vice-roi, et qui sont *obligatoires* pour les deux parties, fixent à 10 francs par tonne, au maximum, le droit de péage.

Partant de cette donnée, le prospectus établit ainsi les revenus probables :

Droits de péage sur trois millions de tonnes	30.000.000
Droits d'ancrage.	1.500.000
Produits du canal d'eau douce	1.560.000
Produit des 24,000 hectares du domaine de la Compagnie	6.000.000
Produit des dunes de sables fertilisées, après vingt ans	996.000
	40.056.000

Cent trente millions de dépenses et quarante millions de recettes brutes, soit trente-cinq millions de net... un revenu de plus de 26 0⁄0 ! Et dire que les capitalistes Anglais, Russes, Hollandais, Allemands et autres, n'ont pas voulu mordre à l'hameçon !

Un peu plus tard, le vice-roi racheta l'Ouady, reprit les 24,000 hectares, les dunes, le canal d'eau douce ; il ne resta plus, comme sources de recettes, que les droits de péage, d'ancrage, de remorquage et de pilotage ; mais ces droits produisaient encore une assez belle somme, calculés à raison de trois millions de tonnes.

Pourtant, M. de Lesseps n'était pas satisfait.

Il arrivait à l'année 1867. Les travaux avaient

dévoré le capital et les subventions du vice-roi ; il manquait cent millions pour établir une apparence de communication entre les deux mers.

Par un trait de génie, M. de Lesseps déclara qu'il passerait par son canal, non pas trois millions de tonnes, mais six millions de tonnes ; tout le commerce de long cours, celui qui va du côté de l'Amérique comme celui qui va du côté des Indes, allait prendre la route de Suez pour être agréable à M. de Lesseps et à ses bailleurs de fonds.

On trouve cette assertion incroyable dans le rapport du 1er août 1867 ; et, chose plus incroyable encore, l'assemblée l'approuva, en autorisant un emprunt de 100 millions.

D'ailleurs, l'histoire de cet emprunt mérite qu'on s'y arrête. De 1860 à 1866, les rapports, les notifications, les lettres de M. de Lesseps se succédaient et se ressemblaient : « Les travaux marchent à merveille ; nous aurons terminé notre œuvre dans deux ans. » (C'était toujours dans deux ans, en 1863 comme en 1864, en 1865 et en 1866 ; on finit, en 1869, par inaugurer le canal non terminé, avec quatre ou cinq kilomètres de hauts fonds.)

Seulement les millions des actionnaires s'étaient engloutis dans les sables de l'isthme.

Il serait curieux de relever les comptes de M. de Lesseps, pendant cette première période ; on y verrait que les frais généraux y figurent dans la proportion de 180 0⟨0 du travail exécuté. Le bilan de 1865, entre autres, accuse 120 millions de dépenses, dont 43 millions seulement de travaux effectifs. Mais M. de Lesseps n'est ni ingénieur, ni conducteur de travaux, ni comptable ; il est orateur et homme d'imagination, ce qui vaut bien mieux, en France du moins.

Quelques journaux, en 1865, eurent l'impudence de critiquer les rapports, et de prétendre qu'il faudrait recourir à un appel de fonds pour achever cette œuvre si coûteuse. Ils furent condamnés comme diffamateurs ; l'emprunt n'en fut pas moins émis un an plus tard.

—

Nous voudrions pouvoir reproduire tout au long le merveilleux rapport où M. de Lesseps sut persuader à ses actionnaires de grever leur propriété d'un emprunt de cent millions à dix pour cent.

— Empruntez cent millions, messieurs, et vous vous enrichirez d'autant. Par la vertu de cet emprunt, la navigation du canal doublera ; elle s'élèvera de trois millions à six millions de tonnes. Pour passer le cap Horn, pour aller en Amérique, à l'Orient comme à l'Occident, les navires du monde entier prendront la voie de Suez, et vous aurez soixante millions de recettes brutes : soixante millions au bas mot !

— Avec cet emprunt, j'ouvrirai un canal de 100 mètres à la ligne d'eau ; je multiplierai les ports, les abris, les balisages ; je mettrai en rapport les 10,000 hectares de terrain qui nous restent. Rien que ces terrains valent les cent millions demandés ; à dix mille francs l'hectare, c'est pour rien. Il suffit qu'il y ait marchand.

L'emprunt fut souscrit et versé ; mais on ne remboursa pas leurs dommages-intérêts aux journaux qui avaient eu l'inexcusable tort de l'annoncer dix-huit mois trop tôt.

Les obligations avaient pour gage la propriété du canal maritime, des terrains laissés à la Compagnie par le vice-roi, et des machines ayant servi aux travaux. Depuis que les cent millions ont été dévorés, et ce n'a pas été long, M. de Lesseps balance ses budgets en vendant tantôt son matériel, tantôt les meilleurs de ses terrains. Si cela dure, les obligataires auront pour gage unique le canal maritime ; c'est leur affaire.

On lit dans le rapport du 30 mars 1870 :

« Nous avons, pour l'année 1870, d'un côté un en-
caisse de 20 millions ; de l'autre, une dépense obli-
gatoire de 30 millions, à laquelle nous ferons large-
ment face par des ventes de terrain et de matériel...
Un emprunt, grevant le capital pour payer des intérêts, ne serait ni légal ni intelligent. »

L'année suivante, M. de Lesseps émettait, pour
payer les intérêts en retard, cet emprunt illégal et
inintelligent ; il grevait la Compagnie de vignt millions de bon enaires.

Mais la souscription n'a pas marché à souhait ; si
bien que huit millions de ces bons restent en caisse.
On vient de les céder en bloc, paraît-il, à une mai-
son de banque. La Compagnie annonce fièrement
qu'elle n'a pas besoin de cet argent. Nous verrons
bien dans quelques mois.

Somme toute, le canal de Suez a coûté près de
500 millions au lieu de 130 millions. Il n'est
pas achevé encore, puisque sa largeur moyenne,
entre les deux berges, n'est que de 60 mètres
au niveau de l'eau ; puisque le plafond n'est
que de 20 mètres, en supposant qu'il ne se produise ni éboulement, ni envasement ; puisque la
profondeur n'est pas partout au minimum de
8 mètres. Les talus des berges ne sont pas re-
vêtus de maçonnerie ; on n'a pris aucune pré-
caution contre les boues liquides du lac Men-
zaleh ; on n'a pas compté avec ces tempêtes de
sable. Ce qui reste à faire, c'est ce que M. de Lesseps
appelle la toilette du canal, et cette toilette se chiffre
par des centaines de millions.

Que vaut le canal ? M. de Lesseps l'estime au
prix de revient : 500 millions de travaux, de dépenses
de tout genre, et 100 millions de terrains. Vous
savez : ces terrains à 10,000 francs l'hectare, que
les compagnies de navigation se disputent et paient
50 francs le mètre carré.

En effet, à Port-Saïd, à Ismaïlia, à Suez, il est possible que certains lots trouvent acquéreurs à 50 francs le mètre : mais combien la Compagnie possède-t-elle de ces terrains exceptionnels ? Quelques hectares, tout au plus. Le reste est du sable, situé le long du canal maritime, autour des lacs Amers ; n'a-t-elle pas vendu le domaine de l'Ouady et les surfaces arrosées par le canal d'eau douce ?

Puis, ces terrains fussent-ils comparables à nos meilleures fermes de la Beauce, nous hésiterions à en acheter. La Compagnie est soumise aux lois égyptiennes ; or, les Orientaux et les Égyptiens ont de singulières idées en matière de propriété foncière. Selon eux, la terre appartient à Allah et au sultan, qui le représente ici-bas ; les simples mortels ne peuvent jouir que d'une propriété précaire et révocable, d'un usufruit de pure tolérance. La Compagnie est-elle bien sûre qu'Allah et son vicaire ne viendront pas l'exproprier sans indemnité ?

Comme on le voit, il faut rabattre beaucoup des évaluations de M. de Lesseps.

Il s'est montré d'ailleurs plus modeste dans son dernier bilan, celui qui doit être soumis à l'assemblée du 12 mars 1872. Les charges annuelles sont portées en prévision à 16 millions, ainsi décomposés :

Charges sociales : service des emprunts	11.640.000 fr.
Administration à Paris	480.000
Administration en Égypte	200.000
Entretien du canal et ateliers	1.800.000
Transit, remorquage, pilotage	1.340.000
Dépenses du domaine	335.000
Service télégraphique	170.000
Alimentation d'eau douce	190.000
Service de santé	25.000
	16.180.000 fr.

Ces dépenses s'élèveront à 22 millions en 1872 ; mais le surplus sera couvert par les ventes de terrain et de matériel, toujours au détriment du gage des obligataires.

—

Ainsi, pour que le canal fasse ses frais, sans payer un centime aux actionnaires ni au vice-roi, il faut que les revenus nets dépassent 16 millions.

Quand les dépasseront-ils ?

Pour répondre à cette question, il importe de prouver que la navigation par Suez n'est avantageuse qu'aux navires à vapeur. Et, n'en déplaise à M. de Lesseps, cette démonstration n'est pas difficile.

Si on prend comme point de départ le cap Lizard, à l'extrémité de la Manche, et comme point d'arrivée les îles de la Sonde, l'expérience montre que

Les voiliers ordinaires emploient :

179 jours par le cap de Bonne-Espérance ;

200 jours par l'isthme de Suez.

Différence en faveur du cap de Bonne-Espérance — 21 jours.

Les fins voiliers, à marche rapide, emploient :

169 jours par le cap de Bonne-Espérance ;

200 jours par Suez.

— Différence en faveur du cap, 31 jours.

Ces données résultent d'un travail officiel, exécuté par ordre du gouvernement hollandais ; la Hollande est le pays d'Europe qui a le plus de communications avec les Indes.

Ainsi, tous les voiliers partis des ports européens de l'Océan économisent du temps sur le trajet de l'Inde, en ne passant point par le canal de Suez.

Quant aux voiliers de la Méditerranée, ils économisent de l'argent à passer par le cap. Voici un compte, dressé à Marseille, qui l'établit invinciblement.

Soit un navire du prix de 300,000 fr. et du port de 800 tonneaux. Il gagne 60 jours en passant par Suez ; soit, en argent :

Intérêts, pendant 60 jours (navire. 300,000 fr., cargaison, 800,000 fr., à raison de 6 0\|0 l'an)...................................... 11.000 fr.

Gages et vivres de l'équipage pendant deux mois............................... 6.000

Usure du navire, à 10 0\|0, deux mois............................... 5.000

————————

22.000 fr

En regard de cette économie de 22,000 fr., les dépenses occasionnées par le passage de l'isthme, aller et retour, se chiffrent comme suit :

Péage et ancrage, 22 fr., soit, pour 800 tonneaux............................... 17.600 fr.

Remorquage............................... 6.400

Augmentation de la prime d'assurance (1 0\|0 sur 1,100,000 de francs)........... 11.000

————————

35.000 fr.

Ainsi, ce navire, partant de Marseille, gagne 13,000 fr. à ne point prendre la voie de Suez.

Et pourtant M. de Lesseps, dans un accès de philanthropie commerciale, s'écriait que « l'ouverture du canal procurerait à la navigation un bénéfice moyen de 50 fr. par tonneau. »

Il n'y a donc pas à compter sur la navigation à voiles. Sans doute des voiliers franchiront le canal de Suez : des caboteurs, des navires faisant de courtes traversées, pour le commerce de l'Egypte, de la côte orientale d'Afrique, à la rigueur, du golfe de Bengale ; mais quelle est l'importance de ce trafic ?

Nous savons que le mouvement commercial entre l'Europe et l'extrême Orient a pour agents les Anglais et les Hollandais; ceux-là se soucient peu du canal. Ils n'ont pas souscrit à l'origine, et nous offririons volontiers de parier que, depuis, ils n'ont guère acheté d'actions. Ce que ces commerçants recherchent avant tout, c'est l'économie du fret; le temps ne vient pour eux qu'en seconde ligne. En effet, l'Inde nous expédie surtout des graines, des denrées coloniales, qu'on a besoin de recueillir d'une escale à l'autre, par petites quantités, jusqu'à ce que le navire ait complété sa cargaison. Cela dure deux ans, et quelquefois davantage; une abréviation douteuse de 50 ou 60 jours ne signifie donc rien, surtout avec des droits à payer comme ceux qu'exige la Compagnie.

On est donc fort large dans ses prévisions, en accordant que le mouvement des navires à voiles, dans le canal de Suez, atteindra un million de tonnes, bon an mal an.

—

La navigation à vapeur prendra certainement la route de Suez; pour elle, l'économie de temps est tout, puisque chaque journée et presque chaque heure de gagnée, dans un voyage, représente une économie considérable de charbon. Mais il est difficile d'évaluer à plus de 500,000 tonnes par an l'importance de cette navigation.

Voilà donc le maximum des éléments de recettes sur lesquels peut raisonnablement compter la Compagnie : 1,500,000 tonnes, soit seize à dix-sept millions de recettes brutes, en tenant compte des bénéfices accessoires, droits de pilotage, d'ancrage, de remorquage, qui s'ajoutent au droit fixe de 10 fr. par tonne, impossible à dépasser.

Pour que ces recettes soient effectives, il faut un concours bien extraordinaire de circonstances fa-

vorables : que le canal, à peine mis en état de na-
vigabilité, sans bordure, sans revêtement, ne s'en-
sable point, ne soit envahi ni par les boues ni les
sables mouvants, ni par l'effet des érosions de la
mer ; qu'il ne se produise aucun accident, aucun
échouage, aucun sinistre qui mette hors de service
le mouillage tout factice de Port-Saïd et le port
naturel de Suez, dont la sécurité n'est rien moins
que constatée.

Qu'un seul accident ait lieu, et la navigation se
trouve arrêtée pendant des semaines, des mois
peut-être. Il faudra remonter les dragues, recom-
mencer les fouilles sur le plafond du canal, réparer
et consolider les berges, retirer les épaves, etc. Si
les habiles ingénieurs de M. de Lesseps n'avaient
pas décidé, contrairement aux promesses formelles
qui ont servi de point de départ à la souscription,
qu'une largeur de 20 mètres au plafond et de 56
mètres à fleur d'eau était suffisante, tous ces risques
seraient fort amoindris. Un canal à double voie
est deux fois moins exposé à l'encombrement
qu'un canal à voie simple ; tout le monde, excepté
certains ingénieurs trop habiles, comprendra cette
vérité.

Quoi qu'il en soit, nous comptons sur dix-sept
millions de recettes brutes. M. de Lesseps évalue
lui-même à près de quatre millions ses frais généraux, y compris l'entretien du canal pour 1.800.000 f.,
ce qui est fort en dessous de la vérité. Nous avons
donc, d'après ses calculs, douze à treize millions
pour rémunérer un capital de 500 millions.

Les chiffres méritent d'être placés en évidence.
Le canal de Suez a coûté 500 millions ; avec beaucoup
de bonheur, *il peut rapporter 12 à 13 millions nets ;*
c'est donc un PLACEMENT INDUSTRIEL A 2 1|2 0|0.

Le service des obligations et des bons trente-
naires absorbe la totalité de cette somme. Les
actionnaires n'ont donc rien à espérer.

Dans l'assemblée générale de 1870, M. de Lesseps leur promettait un premier dividende pour 1872 ; il leur promettra ce dividende, en 1872, pour 1873, — en 1873 pour 1874, et ainsi de suite. Nous avons vu combien les promesses lui coûtent peu, et de quelle manière elles sont tenues.

C'est ainsi que le canal a dû être success'vement terminé en 1865, en 1866, en 1867, en 1868 ; et cependant, il était bien plus facile de déterminer l'époque où des travaux connus, en cours d'exécution, devaient prendre fin, que de fixer celle où le commerce du monde, désireux d'être agréable à M. de Lesseps, se décidera à prendre une route nouvelle, en payant fort cher une économie de temps, souvent contestable et souvent peu utile.

Tant que les travaux se sont prolongés, tant qu'a duré la période de construction, les actionnaires ont touché 5 0|0 sur leur capital. Ce prélèvement a contribué à grossir démesurément le chiffre des frais généraux ; mais il leur a fait prendre patience. Aujourd'hui le capital est employé en entier, nous ne voulons pas dire perdu ; les créanciers sont là, et on est réduit à emprunter de droite et de gauche pour leur payer les intérêts. Que feront les actionnaires ?

Si nous ne le savons pas, nous savons du mo ns, à merveille, ce que deviendront les actions. Pour cela, il nous suffit de regarder la cote des chemins de fer Espagnols. L'analogie est frappante. Les chemins de fer Espagnols, comme la Compagnie de Suez, ont commencé par dévorer un capital d'actions bien liquide, bien souscrit et que malheureusement on ne retrouve jama s. Puis ils ont ém s des obligations ; puis encore d'autres obligations. Cahin-caha, les recettes finissent par suffire, tant bien que mal, au service d'une partie des emprunts ; on a créé alors des obligations de priorité, qui touchent leurs intérêts,

et des obligations à revenus variables, qui ne
touchent invariablement rien.

Les emprunts de Suez sont dans cette voie.

Quant aux actions, on sait ce que valent celles
que nous prenons pour type. Leur cours flotte entre
20 et 50 francs.

Dans une des dernières assemblées générales de
la Compagnie, M. de Lesseps a rabroué vertement
un actionnaire, qui voulait qu'on demandât des
garanties d'intérêts au vice-roi d'Egypte. Cet actionnaire n'avait que le tort d'être naïf. Le vice-roi est
nu-propriétaire du canal, qui doit lui revenir au
terme de la concession ; il est possesseur du tiers du
capital. Il a donc intérêt à ce que l'affaire se liquide
au plus vite et au meilleur marché, pour devenir
propriétaire unique et actuel de l'exploitation.

Alors ce prince, ou tout autre, n'ayant plus le
poids d'un capital énorme à rémunérer, trouvera
les fonds nécessaires pour élargir et approfondir le
canal, empierrer les berges, multiplier les gares,
installer les ports et les magasins, constituer enfin
une véritable entreprise industrielle. Nul n'est plus
loyal que le Khédive actuellement régnant; mais s'il
a pour successeur un homme d'affaires peu scrupu-
leux, un Méhémet Ali, soyez certain que celui-là
poussera de tous ses efforts à la mise en faillite de
la Compagnie, pour se substituer en son lieu et
place.

Avec un passif de 500 millions, l'affaire de Suez
est et restera détestable.

M. de Lesseps compte sur la transformation
de tous les navires à voiles en navires à vapeur,
pour arriver à ses six millions de tonnes de transit.

Beaucoup d'actionnaires se bercent de l'espoir
que les puissances maritimes se concerteront pour
acheter le canal, et leur rembourseront leurs titres
en bonnes coupures de rentes.

Nous dirons seulement à M. de Lesseps que la transformation qu'il rêve ne changera pas les conditions du commerce, et qu'il y aura toujours avantage, pour la plus grande partie des transports, à dépenser un peu plus de temps et moins d'argent.

D'ailleurs, la navigation à vapeur exige un prix de fret trois fois plus élevé que la navigation à voiles; et il en sera ainsi, tant qu'on n'aura pas découvert un combustible qui ne coûte rien et qui ne tienne pas de place à bord des navires.

Nous voudrions traiter avec plus de ménagement les illusions respectables des actionnaires. Mais, pour les convaincre de leur erreur, nous aurions besoin de leur exposer toute une doctrine de politique générale et de finances d'Etat. Qu'ils veuillent bien, seulement, méditer ceci :

— La France seule a formé le capital de la Compagnie de Suez. Or, croit-on que la France puisse acheter le canal 500 ou 600 millions ? Croit-on que les autres puissances le lui laisseraient acheter?

— Politiquement, les puissances étrangères sont trop jalouses les unes des autres pour s'accorder en vue d'une acquisition en commun ; elles ne souffriraient pas, à plus forte raison, que tel ou tel s'emparât de cette position à la fois commerciale et stratégique.

— Financièrement, elles ont tout intérêt à laisser la Compagnie de Suez s'engloutir, afin d'acheter à vil prix les épaves de la faillite.

Voilà donc ce que valent les promesses de M. de Lesseps. Que valent les actions de Suez, qui ne se maintiennent que grâce à ces promesses, et aux belles espérances dont M. de Lesseps leurre les capitalistes depuis quinze ans ?

15538. — Paris. — Typ. Alcan Lévy, rue de Lafayette, 61.